MAPA de Oración

PARA MUJERES

UN
DIARIO
CREATIVO

CASA PROMESA
Una división de Barbour Publishing, Inc.

Desarrollo Editorial por *Semantics, Inc.* P. O. Box 290186, Nashville, TN 37229 semantics01@comcast.net

Publicado por Casa Promesa, un sello de Barbour Publishing, Inc, 1810 Barbour Drive, Uhrichsville, Ohio 44683 www.casapromesa.com

Nuestra visión es inspirar al mundo con el mensaje transformador de la Biblia.

Member of the
Evangelical Christian
Publishers Association

Impreso en China.

¿Qué aspecto tiene la oración?

Prepárate para experimentar más a fondo el poder de la oración en tu vida cotidiana con este creativo diario… en el que cada página a todo color te guiará para crear tu propio mapa de oración, conforme vas tomando nota de tus pensamientos, tus ideas y elaborando listas específicas de plegarias que puedes seguir (¡de principio a fin!) cuando hablas con Dios. (¡Asegúrate de apuntar la fecha en cada uno de tus mapas de oración para poder volver a repasarlo, y comprobar cómo Dios ha continuado obrando en tu vida!).

¡*Mapa de oración para mujeres* no solo ta animará a pasar tiempo hablando con Dios acerca de las cosas que más te importan, sino que además te ayudará a construir un hábito espiritual constante y saludable de oración para toda tu vida!

Comienza aquí

AMADO PADRE CELESTIAL,...

Gracias por. . . ..

ESTOY PREOCUPADA POR. . .

PERSONAS POR LAS QUE ESTOY ORANDO HOY. . .

>> ESTO ES LO QUE ESTÁ SUCEDIENDO EN MI VIDA. . . ...

Necesito. . .

>> OTRAS COSAS QUE HAY
EN MI CORAZÓN Y QUE NECESITO
COMPARTIR CONTIGO, SEÑOR. . .

Amén.

Gracias, Padre, por oír
mis oraciones.

«¡Oh Señor, te suplico que oigas mi oración!
Escucha las oraciones de aquellos quienes
nos deleitamos en darte honra».

NEHEMÍAS 1.11 NTV

FECHA: *Comienza aquí*

AMADO PADRE CELESTIAL,
....
....
....
....

Gracias por. . . ..
....
....
....
....
....
....

ESTOY PREOCUPADA POR. . .
....
....
....
....
....
....
....
....
....
....
....
....

PERSONAS POR LAS QUE ESTOY ORANDO HOY. . .
....
....
....
....
....

ESTO ES LO QUE ESTÁ SUCEDIENDO EN MI VIDA. . .

Necesito. . .

OTRAS COSAS QUE HAY
EN MI CORAZÓN Y QUE NECESITO
COMPARTIR CONTIGO, SEÑOR. . .

Amén.

Gracias, Padre, por oír
mis oraciones.

*«La oración ferviente de una persona justa tiene
mucho poder y da resultados maravillosos».*

SANTIAGO 5.16 NTV

FECHA: _____   *Comienza aquí*

📍 **AMADO PADRE CELESTIAL,** ....
....
....
....
....

Gracias por . . . .
....
....
....
....
....
....

ESTOY PREOCUPADA POR. . .
....
....
....
....
....
....
....
....
....
....
....

PERSONAS POR LAS QUE ESTOY ORANDO HOY. . .
....
....
....
....
....

ESTO ES LO QUE ESTÁ SUCEDIENDO EN MI VIDA. . . . .

Necesito. . .

OTRAS COSAS QUE HAY
EN MI CORAZÓN Y QUE NECESITO
COMPARTIR CONTIGO, SEÑOR. . . . .

Amén.

Gracias, Padre, por oír
mis oraciones.

«Escucha mi grito de auxilio, mi Rey y mi
Dios, porque solo a ti dirijo mi oración».
SALMO 5.2 NTV

FECHA: _____   *Comienza aquí*

AMADO PADRE CELESTIAL, ...
....
....
....

Gracias por . . . .
....

....

....

....

....

....

....

ESTOY PREOCUPADA POR. . .

PERSONAS POR LAS QUE ESTOY ORANDO HOY. . .
....
....
....
....
....
....

Necesito. . .

OTRAS COSAS QUE HAY
EN MI CORAZÓN Y QUE NECESITO
COMPARTIR CONTIGO, SEÑOR. . .

Amén.

Gracias, Padre, por oír
mis oraciones.

«Oren para que el mensaje del Señor
se difunda rápidamente y sea honrado
en todo lugar adonde llegue».

2 TESALONICENSES 3.1 NTV

FECHA:

Comienza aquí

AMADO PADRE CELESTIAL,

Gracias por. . .

ESTOY PREOCUPADA POR. . .

PERSONAS POR LAS QUE ESTOY ORANDO HOY. . .

>> ESTO ES LO QUE ESTÁ SUCEDIENDO EN MI VIDA. . .

Necesito. . .

OTRAS COSAS QUE HAY EN MI CORAZÓN Y QUE NECESITO COMPARTIR CONTIGO, SEÑOR. . .

Amén.

Gracias, Padre, por oír
mis oraciones.

*«Sigue pidiendo y recibirás lo que pides;
sigue buscando y encontrarás; sigue
llamando, y la puerta se te abrirá».*

MATEO 7.7 NTV

FECHA: _____   *Comienza aquí*

AMADO PADRE CELESTIAL, _____
_____
_____
_____
_____

Gracias por . . . _____
_____

ESTOY PREOCUPADA POR. . .
_____
_____
_____
_____
_____
_____
_____
_____
_____
_____
_____

PERSONAS POR LAS QUE ESTOY ORANDO HOY. . .
_____
_____
_____
_____
_____

Necesito. . .

**OTRAS COSAS QUE HAY
EN MI CORAZÓN Y QUE NECESITO
COMPARTIR CONTIGO, SEÑOR. . .**

Amén.

Gracias, Padre, por oír
mis oraciones.

*«Escúchame cuando oro, oh Señor;
¡ten misericordia y respóndeme!».*

SALMO 27.7 NTV

FECHA:

Comienza aquí

AMADO PADRE CELESTIAL,

Gracias por. . .

ESTOY PREOCUPADA POR. . .

PERSONAS POR LAS QUE ESTOY ORANDO HOY. . .

ESTO ES LO QUE ESTÁ SUCEDIENDO EN MI VIDA. . . ...

Necesito. . .

OTRAS COSAS QUE HAY EN MI CORAZÓN Y QUE NECESITO COMPARTIR CONTIGO, SEÑOR. . .

Amén.
Gracias, Padre, por oír
mis oraciones.

«Dedíquense a la oración con una mente
alerta y un corazón agradecido».
COLOSENSES 4.2 NTV

FECHA:

Comienza aquí

AMADO PADRE CELESTIAL,

Gracias por. . .

ESTOY PREOCUPADA POR. . .

PERSONAS POR LAS QUE ESTOY ORANDO HOY. . .

Necesito. . .

**OTRAS COSAS QUE HAY
EN MI CORAZÓN Y QUE NECESITO
COMPARTIR CONTIGO, SEÑOR. . .**

Amén.

Gracias, Padre, por oír
mis oraciones.

«¡Oh Señor, tú eres un Dios grande y temible!
Siempre cumples tu pacto y tus promesas
de amor inagotable con los que te aman
y obedecen tus mandatos».

DANIEL 9.4 NTV

FECHA:

Comienza aquí

AMADO PADRE CELESTIAL,

Gracias por. . .

ESTOY PREOCUPADA POR. . .

PERSONAS POR LAS QUE ESTOY ORANDO HOY. . .

Necesito. . .

OTRAS COSAS QUE HAY
EN MI CORAZÓN Y QUE NECESITO
COMPARTIR CONTIGO, SEÑOR. . .

Amén.

Gracias, Padre, por oír
mis oraciones.

«Pero cada día el Señor derrama su amor
inagotable sobre mí, y todas las noches entono
sus cánticos y oro a Dios, quien me da vida».

SALMO 42.8 NTV

FECHA:

Comienza aquí

AMADO PADRE CELESTIAL,

Gracias por. . .

ESTOY PREOCUPADA POR. . .

PERSONAS POR LAS QUE ESTOY ORANDO HOY. . .

Necesito. . .

>> OTRAS COSAS QUE HAY
EN MI CORAZÓN Y QUE NECESITO
COMPARTIR CONTIGO, SEÑOR. . .

Amén.

Gracias, Padre, por oír
mis oraciones.

«Le pido a Dios, fuente de esperanza,
que los llene completamente de alegría
y paz, porque confían en él».

ROMANOS 15.13 NTV

FECHA: _____

Comienza aquí

AMADO PADRE CELESTIAL, ...

....

....

....

....

Gracias por . . . .

....

....

....

....

....

....

....

ESTOY PREOCUPADA POR. . .

....

....

....

....

....

....

....

....

....

....

....

....

PERSONAS POR LAS QUE ESTOY ORANDO HOY. . .

....

....

....

....

....

....

Necesito. . .

**OTRAS COSAS QUE HAY
EN MI CORAZÓN Y QUE NECESITO
COMPARTIR CONTIGO, SEÑOR. . .**

Amén.

Gracias, Padre, por oír
mis oraciones.

«¡Oren con todas sus fuerzas! ¡Y no aflojen!».

1 SAMUEL 7.8

(TRADUCCIÓN LITERAL DE LA VERSIÓN THE MESSAGE)

FECHA: _____

Comienza aquí

AMADO PADRE CELESTIAL, ...
....
....
....
....

Gracias por. . . ....
....
....
....
....
....
....
....

ESTOY PREOCUPADA POR. . .
....
....
....
....
....
....
....
....
....
....
....
....
....
....
....

PERSONAS POR LAS QUE ESTOY ORANDO HOY. . .
....
....
....
....
....
....

Necesito. . .

OTRAS COSAS QUE HAY
EN MI CORAZÓN Y QUE NECESITO
COMPARTIR CONTIGO, SEÑOR. . .

Amén.

Gracias, Padre, por oír
mis oraciones.

«Siempre oramos por ustedes y le damos gracias
a Dios, el Padre de nuestro Señor Jesucristo».
COLOSENSES 1.3 NTV

FECHA: _Comienza aquí_

AMADO PADRE CELESTIAL, ...
....
....
....
....

Gracias por . . . .
....
....
....
....
....
....
....

ESTOY PREOCUPADA POR. . .
....
....
....
....
....
....
....
....
....
....
....
....

PERSONAS POR LAS QUE ESTOY ORANDO HOY. . .
....
....
....
....
....

....
....
....
....

Necesito. . .

OTRAS COSAS QUE HAY EN MI CORAZÓN Y QUE NECESITO COMPARTIR CONTIGO, SEÑOR. . .

Amén.

Gracias, Padre, por oír
mis oraciones.

«En primer lugar, te ruego que ores por todos
los seres humanos. Pídele a Dios que los ayude;
intercede en su favor, y da gracias por ellos».

1 TIMOTEO 2.1 NTV

FECHA: _____ *Comienza aquí*

AMADO PADRE CELESTIAL, ...
....
....
....
....

Gracias por . . . .
....
....
....
....
....
....

ESTOY PREOCUPADA POR. . .
....
....
....
....
....
....
....
....
....
....
....

PERSONAS POR LAS QUE ESTOY ORANDO HOY. . .
....
....
....
....
....
....

ESTO ES LO QUE ESTÁ SUCEDIENDO EN MI VIDA. . .

Necesito. . .

OTRAS COSAS QUE HAY EN MI CORAZÓN Y QUE NECESITO COMPARTIR CONTIGO, SEÑOR. . .

Amén.

Gracias, Padre, por oír
mis oraciones.

«Contesta a mis oraciones, oh SEÑOR, pues
tu amor inagotable es maravilloso».

SALMO 69.16 NTV

FECHA:

Comienza aquí

AMADO PADRE CELESTIAL,

....

....

....

....

Gracias por . . .

....

....

....

....

....

....

ESTOY PREOCUPADA POR. . .

....

....

....

....

....

....

....

....

PERSONAS POR LAS QUE ESTOY ORANDO HOY. . .

....

....

....

....

....

....

....

Necesito. . .

OTRAS COSAS QUE HAY
EN MI CORAZÓN Y QUE NECESITO
COMPARTIR CONTIGO, SEÑOR. . .

Amén.

Gracias, Padre, por oír
mis oraciones.

«Y ellos orarán por ustedes con un profundo
cariño debido a la desbordante gracia
que Dios les ha dado a ustedes».

2 CORINTIOS 9.14 NTV

Comienza aquí

AMADO PADRE CELESTIAL,

Gracias por . . .

ESTOY PREOCUPADA POR. . .

PERSONAS POR LAS QUE ESTOY ORANDO HOY. . .

Necesito. . .

**OTRAS COSAS QUE HAY
EN MI CORAZÓN Y QUE NECESITO
COMPARTIR CONTIGO, SEÑOR. . .**

Amén.

Gracias, Padre, por oír
mis oraciones.

«*Debido a que él se inclina para escuchar,
¡oraré mientras tenga aliento!*».
SALMO 116.2 NTV

FECHA:

Comienza aquí

AMADO PADRE CELESTIAL,...
....
....
....
....

Gracias por. . ...

ESTOY PREOCUPADA POR. . .

PERSONAS POR LAS QUE ESTOY ORANDO HOY. . .

>> ESTO ES LO QUE ESTÁ SUCEDIENDO EN MI VIDA...

Necesito...

>> OTRAS COSAS QUE HAY
EN MI CORAZÓN Y QUE NECESITO
COMPARTIR CONTIGO, SEÑOR...

Amén.

Gracias, Padre, por oír
mis oraciones.

«Pido en oración que, de sus gloriosos e
inagotables recursos, los fortalezca con poder
en el ser interior por medio de su Espíritu».
EFESIOS 3.16 NTV

Comienza aquí

AMADO PADRE CELESTIAL,

Gracias por. . .

ESTOY PREOCUPADA POR. . .

PERSONAS POR LAS QUE ESTOY ORANDO HOY. . .

Necesito. . .

OTRAS COSAS QUE HAY
EN MI CORAZÓN Y QUE NECESITO
COMPARTIR CONTIGO, SEÑOR. . .

Amén.
Gracias, Padre, por oír
mis oraciones.

«Dios, oh Dios de Israel, no hay otro Dios como
tú arriba en los cielos ni abajo en la tierra, que
guarda sin vacilar el pacto con sus siervos y los
ama de una forma inagotable cuando ellos viven
con sinceridad, en obediencia a tus caminos».
2 CRÓNICAS 6.14
(TRADUCCIÓN LITERAL DE LA VERSIÓN THE MESSAGE)

FECHA: _____   *Comienza aquí*

📍 AMADO PADRE CELESTIAL, _____
_____
_____
_____
_____

Gracias por. . . _____

_____   ESTOY PREOCUPADA POR. . .
_____   _____
_____   _____
_____   _____
_____   _____
_____   _____
_____   _____
                                         _____
                                         _____
PERSONAS POR LAS QUE ESTOY ORANDO HOY. . . _____
_____   _____
_____   _____
_____   _____
_____   _____
_____   _____
_____   _____
_____

Necesito. . .

**OTRAS COSAS QUE HAY
EN MI CORAZÓN Y QUE NECESITO
COMPARTIR CONTIGO, SEÑOR. . .**

Amén.

Gracias, Padre, por oír
mis oraciones.

«*La forma en que Dios reconcilia a las personas
consigo se manifiesta en los actos de fe, que
confirman lo que las Escrituras han venido diciendo
desde el principio: "El que sea justo delante de
Dios por confiar en él vive verdaderamente"*».
ROMANOS 1.17
(TRADUCCIÓN LITERAL DE LA VERSIÓN THE MESSAGE)

FECHA:

Comienza aquí

AMADO PADRE CELESTIAL,

Gracias por . . .

ESTOY PREOCUPADA POR. . .

PERSONAS POR LAS QUE ESTOY ORANDO HOY. . .

Necesito. . .

OTRAS COSAS QUE HAY
EN MI CORAZÓN Y QUE NECESITO
COMPARTIR CONTIGO, SEÑOR. . .

Amén.
Gracias, Padre, por oír
mis oraciones.

«A ti levanto mis manos en oración; tengo sed de
ti como la tierra reseca tiene sed de lluvia».
SALMO 143.6 NTV

FECHA: _____ *Comienza aquí*

AMADO PADRE CELESTIAL, ...
....
....
....
....

Gracias por. . . ..
....
....
....
....
....
....

ESTOY PREOCUPADA POR. . .
....
....
....
....
....
....
....
....
....
....
....
....
....

PERSONAS POR LAS QUE ESTOY ORANDO HOY. . .
....
....
....
....
....
....

ESTO ES LO QUE ESTÁ SUCEDIENDO EN MI VIDA. . .

Necesito. . .

**OTRAS COSAS QUE HAY
EN MI CORAZÓN Y QUE NECESITO
COMPARTIR CONTIGO, SEÑOR. . .**

Amén.

Gracias, Padre, por oír
mis oraciones.

*«Bendigan a quienes los maldicen.
Oren por aquellos que los lastiman».*
LUCAS 6.28 NTV

FECHA: *Comienza aquí*

AMADO PADRE CELESTIAL,
....
....
....
....

Gracias por. . .
....

ESTOY PREOCUPADA POR. . .

....

....

....

....

....

PERSONAS POR LAS QUE ESTOY ORANDO HOY. . .
....
....
....
....
....

ESTO ES LO QUE ESTÁ SUCEDIENDO EN MI VIDA. . . ....

Necesito. . .

**OTRAS COSAS QUE HAY
EN MI CORAZÓN Y QUE NECESITO
COMPARTIR CONTIGO, SEÑOR. . .**

Amén.

Gracias, Padre, por oír
mis oraciones.

«Le pido a Dios que el amor de ustedes
desborde cada vez más y que sigan creciendo
en conocimiento y entendimiento».

FILIPENSES 1.9 NTV

FECHA:

Comienza aquí

AMADO PADRE CELESTIAL,

....
....
....
....

Gracias por. . .

....
....
....
....
....
....

ESTOY PREOCUPADA POR. . .

....
....
....
....
....
....
....
....
....
....
....

PERSONAS POR LAS QUE ESTOY ORANDO HOY. . .

....
....
....
....
....

Necesito. . .

**OTRAS COSAS QUE HAY
EN MI CORAZÓN Y QUE NECESITO
COMPARTIR CONTIGO, SEÑOR. . .**

Amén.

Gracias, Padre, por oír
mis oraciones.

*«¡Ama a tus enemigos!
¡Ora por los que te persiguen!».*
MATEO 5.44 NTV

FECHA: _____ *Comienza aquí*

📍 AMADO PADRE CELESTIAL,...
....
....
....
....

Gracias por. . ...

....
....
....
....
....
....
....

ESTOY PREOCUPADA POR. . .
....
....
....
....
....
....
....
....
....
....
....
....

PERSONAS POR LAS QUE ESTOY ORANDO HOY. . .
....
....
....
....
....
....
....

ESTO ES LO QUE ESTÁ SUCEDIENDO EN MI VIDA. . .

Necesito. . .

OTRAS COSAS QUE HAY
EN MI CORAZÓN Y QUE NECESITO
COMPARTIR CONTIGO, SEÑOR. . .

Amén.

Gracias, Padre, por oír
mis oraciones.

«Te doy las gracias, Señor, a voz en grito, en las
calles, y canto tus alabanzas en la ciudad y en el
campo. Cuanto más profundo es tu amor, más alto te
alabo; cada nube es una bandera de tu fidelidad».

SALMO 57.9-10

(TRADUCCIÓN LITERAL DE LA VERSIÓN THE MESSAGE)

FECHA: _Comienza aquí_

AMADO PADRE CELESTIAL, ...

....

....

....

....

Gracias por. . . ..

....

....

....

....

....

....

....

ESTOY PREOCUPADA POR. . .

....

....

....

....

....

....

....

....

....

....

....

PERSONAS POR LAS QUE ESTOY ORANDO HOY. . .

....

....

....

....

....

....

Necesito. . .

▶▶

**OTRAS COSAS QUE HAY
EN MI CORAZÓN Y QUE NECESITO
COMPARTIR CONTIGO, SEÑOR. . .**

Amén.
Gracias, Padre, por oír
mis oraciones.

«A ti elevo mi oración, oh Señor, roca mía».
SALMO 28.1 NTV

FECHA: *Comienza aquí*

📍 **AMADO PADRE CELESTIAL,** ....
....
....
....
....

Gracias por . . . .
....
....
....
....
....
....

PERSONAS POR LAS QUE ESTOY ORANDO HOY. . .
....
....
....
....
....
....

ESTOY PREOCUPADA POR. . .
....
....
....
....
....
....
....
....
....
....
....

ESTO ES LO QUE ESTÁ SUCEDIENDO EN MI VIDA. . .

Necesito. . .

OTRAS COSAS QUE HAY EN MI CORAZÓN Y QUE NECESITO COMPARTIR CONTIGO, SEÑOR. . .

Amén.
Gracias, Padre, por oír
mis oraciones.

«También pido en oración que entiendan la
increíble grandeza del poder de Dios para
nosotros, los que creemos en él».
EFESIOS 1.19 NTV

FECHA: _____   *Comienza aquí*

AMADO PADRE CELESTIAL, ...
....
....
....
....

Gracias por. . . ....
....
....
....
....
....
....

ESTOY PREOCUPADA POR. . .
....
....
....
....
....
....
....
....
....
....

PERSONAS POR LAS QUE ESTOY ORANDO HOY. . .
....
....
....
....
....
....

Necesito. . .

**OTRAS COSAS QUE HAY
EN MI CORAZÓN Y QUE NECESITO
COMPARTIR CONTIGO, SEÑOR. . .**

Amén.

Gracias, Padre, por oír
mis oraciones.

«Ustedes pueden orar por cualquier
cosa, y si tienen fe la recibirán».
MATEO 21.22 NTV

FECHA: *Comienza aquí*

AMADO PADRE CELESTIAL,
....
....
....
....

Gracias por. . .
....
....
....
....
....
....
....

ESTOY PREOCUPADA POR. . .
....
....
....
....
....
....
....
....
....
....
....

PERSONAS POR LAS QUE ESTOY ORANDO HOY. . .
....
....
....
....
....
....

>>

Necesito. . .

**OTRAS COSAS QUE HAY
EN MI CORAZÓN Y QUE NECESITO
COMPARTIR CONTIGO, SEÑOR. . .**

Amén.

Gracias, Padre, por oír
mis oraciones.

*«En tu amor inagotable, oh Dios, responde
a mi oración con tu salvación segura».*

SALMO 69.13 NTV

Comienza aquí

AMADO PADRE CELESTIAL,

Gracias por. . .

ESTOY PREOCUPADA POR. . .

PERSONAS POR LAS QUE ESTOY ORANDO HOY. . .

....

....

....

....

>>

Necesito. . .

>>

**OTRAS COSAS QUE HAY
EN MI CORAZÓN Y QUE NECESITO
COMPARTIR CONTIGO, SEÑOR. . .**

Amén.

Gracias, Padre, por oír
mis oraciones.

«¡Dios, estoy contando al mundo lo que haces!».

SALMO 73.28

(TRADUCCIÓN LITERAL DE LA VERSIÓN THE MESSAGE)

Comienza aquí

AMADO PADRE CELESTIAL,

Gracias por. . .

ESTOY PREOCUPADA POR. . .

PERSONAS POR LAS QUE ESTOY ORANDO HOY. . .

ESTO ES LO QUE ESTÁ SUCEDIENDO EN MI VIDA. . . ...

Necesito. . .

**OTRAS COSAS QUE HAY
EN MI CORAZÓN Y QUE NECESITO
COMPARTIR CONTIGO, SEÑOR. . .**

Amén.

Gracias, Padre, por oír
mis oraciones.

*«Así que Jesús muchas veces se
alejaba al desierto para orar».*
LUCAS 5.16 NTV

FECHA: Comienza aquí

AMADO PADRE CELESTIAL,..
....
....
....
....

Gracias por. . ...
....
....   ESTOY PREOCUPADA POR. . .
....
....
....
....
....
....
                                                            ....
PERSONAS POR LAS QUE ESTOY ORANDO HOY. . .   ..
....
....
....
....
....
....
....

ESTO ES LO QUE ESTÁ SUCEDIENDO EN MI VIDA. . .

Necesito. . .

OTRAS COSAS QUE HAY EN MI CORAZÓN Y QUE NECESITO COMPARTIR CONTIGO, SEÑOR. . .

Amén.

Gracias, Padre, por oír mis oraciones.

«Dios, tu amor es mi canción, ¡y la cantaré! ...
Nunca dejaré de contar la historia de tu amor».

SALMO 89.2

(TRADUCCIÓN LITERAL DE LA VERSIÓN THE MESSAGE)

FECHA:

Comienza aquí

AMADO PADRE CELESTIAL,
....
....
....
....

Gracias por. . .
....
....
....
....
....
....
....

ESTOY PREOCUPADA POR. . .
....
....
....
....
....
....
....
....
....
....
....
....
....

PERSONAS POR LAS QUE ESTOY ORANDO HOY. . .
....
....
....
....
....

ESTO ES LO QUE ESTÁ SUCEDIENDO EN MI VIDA. . .

Necesito. . .

**OTRAS COSAS QUE HAY
EN MI CORAZÓN Y QUE NECESITO
COMPARTIR CONTIGO, SEÑOR. . .**

Amén.

Gracias, Padre, por oír
mis oraciones.

«*Alaben a Dios, quien no pasó por alto mi
oración ni me quitó su amor inagotable*».

SALMO 66.20 NTV

FECHA: _____

Comienza aquí

📍 **AMADO PADRE CELESTIAL,** _____

_____

_____

_____

_____

Gracias por. . . _____

_____

_____

_____

_____

_____

_____

_____

ESTOY PREOCUPADA POR. . .

_____

_____

_____

_____

_____

_____

_____

_____

_____

_____

_____

_____

_____

PERSONAS POR LAS QUE ESTOY ORANDO HOY. . .

_____

_____

_____

_____

_____

»

Necesito. . .

OTRAS COSAS QUE HAY EN MI CORAZÓN Y QUE NECESITO COMPARTIR CONTIGO, SEÑOR. . .

Amén.

Gracias, Padre, por oír
mis oraciones.

*«El Espíritu Santo ora por nosotros con gemidos
que no pueden expresarse con palabras».*

ROMANOS 8.26 NTV

FECHA:

Comienza aquí

AMADO PADRE CELESTIAL,

....

....

....

....

Gracias por. . .

....

....

....

....

....

....

....

PERSONAS POR LAS QUE ESTOY ORANDO HOY. . .

....

....

....

....

....

....

ESTOY PREOCUPADA POR. . .

....

....

....

....

....

....

....

....

....

....

....

>> ESTO ES LO QUE ESTÁ SUCEDIENDO EN MI VIDA...

Necesito...

**OTRAS COSAS QUE HAY
EN MI CORAZÓN Y QUE NECESITO
COMPARTIR CONTIGO, SEÑOR...**

Amén.

Gracias, Padre, por oír
mis oraciones.

*«Alégrense por la esperanza segura que tenemos.
Tengan paciencia en las dificultades y sigan orando».*

ROMANOS 12.12 NTV

FECHA:

Comienza aquí

AMADO PADRE CELESTIAL,

....

....

....

....

Gracias por . . ..

....

....

....

....

....

....

ESTOY PREOCUPADA POR. . .

....

....

....

....

....

....

....

....

....

....

....

....

....

PERSONAS POR LAS QUE ESTOY ORANDO HOY. . .

....

....

....

....

....

....

Necesito. . .

**OTRAS COSAS QUE HAY
EN MI CORAZÓN Y QUE NECESITO
COMPARTIR CONTIGO, SEÑOR. . .**

Amén.

Gracias, Padre, por oír
mis oraciones.

«No puedo guardar silencio acerca de ti. Dios, mi
Dios, no puedo darte las gracias lo suficiente».

SALMO 30.12

(TRADUCCIÓN LITERAL DE LA VERSIÓN THE MESSAGE)

FECHA: _____ *Comienza aquí*

AMADO PADRE CELESTIAL, ...
....
....
....
....

Gracias por. . . ..
....
....
....
....
....
....
....

ESTOY PREOCUPADA POR. . .
....
....
....
....
....
....
....
....
....
....
....
....
....
....

PERSONAS POR LAS QUE ESTOY ORANDO HOY. . .
....
....
....
....
....

Necesito...

**OTRAS COSAS QUE HAY
EN MI CORAZÓN Y QUE NECESITO
COMPARTIR CONTIGO, SEÑOR...**

Amén.

Gracias, Padre, por oír
mis oraciones.

*«Oh Dios, a ti dirijo mi oración porque sé que me
responderás; inclínate y escucha cuando oro».*
SALMO 17.6 NTV

FECHA: *Comienza aquí*

📍 **AMADO PADRE CELESTIAL,** ....
....
....
....
....

Gracias por. . . ..
....
....
....
....
....
....

ESTOY PREOCUPADA POR. . .
....
....
....
....
....
....
....
....
....
....
....
....
....

PERSONAS POR LAS QUE ESTOY ORANDO HOY. . .
....
....
....
....
....
....

>> ESTO ES LO QUE ESTÁ SUCEDIENDO EN MI VIDA. . .

Necesito. . .

>> OTRAS COSAS QUE HAY
EN MI CORAZÓN Y QUE NECESITO
COMPARTIR CONTIGO, SEÑOR. . .

Amén.

Gracias, Padre, por oír
mis oraciones.

«Y ustedes nos están ayudando al
orar por nosotros».

2 CORINTIOS 1.11 NTV

FECHA:

Comienza aquí

AMADO PADRE CELESTIAL,

....

....

....

....

Gracias por. . .

....

....

....

....

....

....

ESTOY PREOCUPADA POR. . .

....

....

....

....

....

....

....

....

....

....

PERSONAS POR LAS QUE ESTOY ORANDO HOY. . .

....

....

....

....

....

>> ESTO ES LO QUE ESTÁ SUCEDIENDO EN MI VIDA. . .

Necesito. . .

>> OTRAS COSAS QUE HAY
EN MI CORAZÓN Y QUE NECESITO
COMPARTIR CONTIGO, SEÑOR. . .

Amén.

Gracias, Padre, por oír
mis oraciones.

«Amo al Señor porque escucha mi voz y
mi oración que pide misericordia».

SALMO 116.1 NTV

FECHA: _____ *Comienza aquí*

AMADO PADRE CELESTIAL, ...
....
....
....

Gracias por . . . .

....

....

....

....

....

....

ESTOY PREOCUPADA POR. . .

....
....
....
....
....
....
....
....
....
....
....
....

PERSONAS POR LAS QUE ESTOY ORANDO HOY. . .

....
....
....
....
....

Necesito. . .

OTRAS COSAS QUE HAY
EN MI CORAZÓN Y QUE NECESITO
COMPARTIR CONTIGO, SEÑOR. . .

Amén.

Gracias, Padre, por oír
mis oraciones.

«No he dejado de dar gracias a Dios por ustedes.
Los recuerdo constantemente en mis oraciones».

EFESIOS 1.16 NTV

FECHA:

Comienza aquí

AMADO PADRE CELESTIAL, ...

....

....

....

....

Gracias por. . . ....

....

....

....

....

....

....

ESTOY PREOCUPADA POR. . .

....

....

....

....

....

....

....

....

PERSONAS POR LAS QUE ESTOY ORANDO HOY. . .

....

....

....

....

....

....

....

....

....

ESTO ES LO QUE ESTÁ SUCEDIENDO EN MI VIDA. . .

Necesito. . .

**OTRAS COSAS QUE HAY
EN MI CORAZÓN Y QUE NECESITO
COMPARTIR CONTIGO, SEÑOR. . .**

Amén.

Gracias, Padre, por oír
mis oraciones.

«El Señor es mi fortaleza y mi escudo; confío en él con
todo mi corazón. Me da su ayuda y mi corazón se llena de
alegría; prorrumpo en canciones de acción de gracias».

SALMO 28.7 NTV

FECHA: _____

Comienza aquí

📍 **AMADO PADRE CELESTIAL,** ....
....
....
....
....

Gracias por. . . ..
....
....
....
....
....
....

ESTOY PREOCUPADA POR. . .
....
....
....
....
....
....
....
....
....
....

PERSONAS POR LAS QUE ESTOY ORANDO HOY. . .
....
....
....
....
....
....

ESTO ES LO QUE ESTÁ SUCEDIENDO EN MI VIDA. . .

Necesito. . .

OTRAS COSAS QUE HAY EN MI CORAZÓN Y QUE NECESITO COMPARTIR CONTIGO, SEÑOR. . .

Amén.

Gracias, Padre, por oír
mis oraciones.

«Te alabaré para siempre, oh Dios, por lo
que has hecho. Confiaré en tu buen nombre
en presencia de tu pueblo fiel».

SALMO 52.9 NTV

FECHA:

Comienza aquí

AMADO PADRE CELESTIAL,

Gracias por. . .

ESTOY PREOCUPADA POR. . .

PERSONAS POR LAS QUE ESTOY ORANDO HOY. . .

Necesito. . .

**OTRAS COSAS QUE HAY
EN MI CORAZÓN Y QUE NECESITO
COMPARTIR CONTIGO, SEÑOR. . .**

Amén.

Gracias, Padre, por oír
mis oraciones.

«Fielmente respondes a nuestras oraciones con
imponentes obras, oh Dios nuestro salvador. Eres
la esperanza de todos los que habitan la tierra,
incluso de los que navegan en mares distantes».

SALMO 65.5 NTV

FECHA: _____ *Comienza aquí*

📍 AMADO PADRE CELESTIAL, ...
....
....
....
....

Gracias por . . . .
....

ESTOY PREOCUPADA POR . . .
....
....
....
....
....
....
....
....
....
....

PERSONAS POR LAS QUE ESTOY ORANDO HOY. . .
....
....
....
....
....
....

Necesito. . .

**OTRAS COSAS QUE HAY
EN MI CORAZÓN Y QUE NECESITO
COMPARTIR CONTIGO, SEÑOR. . .**

Amén.

Gracias, Padre, por oír
mis oraciones.

«*Oren en el Espíritu en todo momento y en toda
ocasión. Manténganse alerta y sean persistentes en sus
oraciones por todos los creyentes en todas partes*».
EFESIOS 6.18 NTV

FECHA:

Comienza aquí

AMADO PADRE CELESTIAL,
....
....
....
....

Gracias por. . . ..
....
....
....
....
....
....

ESTOY PREOCUPADA POR. . .
....
....
....
....
....
....
....
....
....
....
....
....

PERSONAS POR LAS QUE ESTOY ORANDO HOY. . .
....
....
....
....
....

ESTO ES LO QUE ESTÁ SUCEDIENDO EN MI VIDA...

Necesito...

OTRAS COSAS QUE HAY EN MI CORAZÓN Y QUE NECESITO COMPARTIR CONTIGO, SEÑOR...

Amén.

Gracias, Padre, por oír
mis oraciones.

«Oh Señor de los Ejércitos Celestiales, ¡qué
alegría tienen los que confían en ti!».
SALMO 84.12 NTV

FECHA:

Comienza aquí

AMADO PADRE CELESTIAL,
....
....
....
....

Gracias por. . .
....
....
....
....
....
....

ESTOY PREOCUPADA POR. . .
....
....
....
....
....
....
....
....
....
....
....
....
....

PERSONAS POR LAS QUE ESTOY ORANDO HOY. . .
....
....
....
....
....
....

>> ESTO ES LO QUE ESTÁ SUCEDIENDO EN MI VIDA. . .

....

....

....

....

>>

Necesito. . .

**OTRAS COSAS QUE HAY
EN MI CORAZÓN Y QUE NECESITO
COMPARTIR CONTIGO, SEÑOR. . .**

Amén.

Gracias, Padre, por oír
mis oraciones.

*«Siempre que oro,
pido por todos ustedes con alegría».*

FILIPENSES 1.4 NTV

Comienza aquí

AMADO PADRE CELESTIAL,

Gracias por. . .

ESTOY PREOCUPADA POR. . .

PERSONAS POR LAS QUE ESTOY ORANDO HOY. . .

Necesito. . .

OTRAS COSAS QUE HAY EN MI CORAZÓN Y QUE NECESITO COMPARTIR CONTIGO, SEÑOR. . .

Amén.

Gracias, Padre, por oír mis oraciones.

«Cuando estén orando, primero perdonen».

MARCOS 11.25 NTV

FECHA:

Comienza aquí

AMADO PADRE CELESTIAL,

Gracias por. . .

ESTOY PREOCUPADA POR. . .

PERSONAS POR LAS QUE ESTOY ORANDO HOY. . .

Necesito. . .

OTRAS COSAS QUE HAY
EN MI CORAZÓN Y QUE NECESITO
COMPARTIR CONTIGO, SEÑOR. . .

Amén.

Gracias, Padre, por oír
mis oraciones.

«No se preocupen por nada; en cambio, oren
por todo. Díganle a Dios lo que necesitan y
denle gracias por todo lo que él ha hecho».

FILIPENSES 4.6 NTV

Comienza aquí

📍 **AMADO PADRE CELESTIAL,**
....
....
....
....

Gracias por. . .
....
....
....
....
....
....
....

ESTOY PREOCUPADA POR. . .
....
....
....
....
....
....
....
....
....
....
....

PERSONAS POR LAS QUE ESTOY ORANDO HOY. . .
....
....
....
....
....

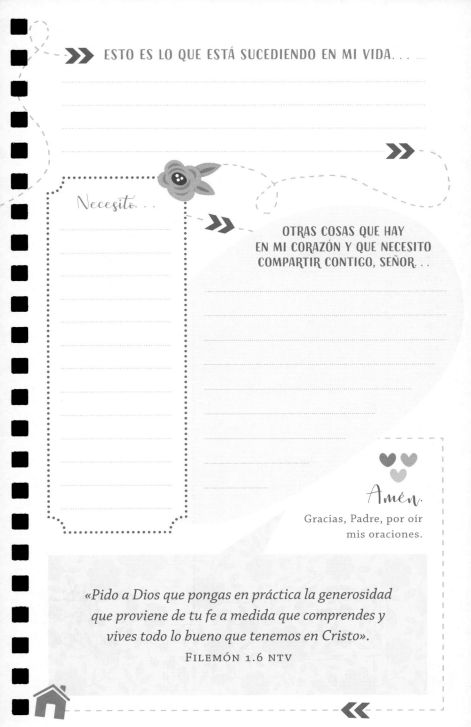

ESTO ES LO QUE ESTÁ SUCEDIENDO EN MI VIDA. . .

Necesito. . .

OTRAS COSAS QUE HAY
EN MI CORAZÓN Y QUE NECESITO
COMPARTIR CONTIGO, SEÑOR. . .

Amén.

Gracias, Padre, por oír
mis oraciones.

«Pido a Dios que pongas en práctica la generosidad
que proviene de tu fe a medida que comprendes y
vives todo lo bueno que tenemos en Cristo».

FILEMÓN 1.6 NTV

FECHA: _____   *Comienza aquí*

📍 **AMADO PADRE CELESTIAL,** ....
....
....
....
....

Gracias por. . . ....

....
....
....
....
....
....
....

PERSONAS POR LAS QUE ESTOY ORANDO HOY. . .

....
....
....
....
....
....

ESTOY PREOCUPADA POR. . .

....
....
....
....
....
....
....
....
....
....
....
....
....

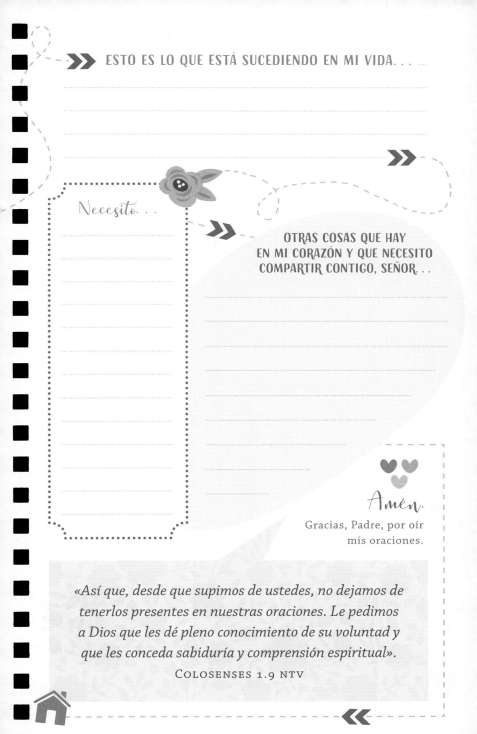

ESTO ES LO QUE ESTÁ SUCEDIENDO EN MI VIDA. . .

Necesito. . .

OTRAS COSAS QUE HAY
EN MI CORAZÓN Y QUE NECESITO
COMPARTIR CONTIGO, SEÑOR. . .

Amén.
Gracias, Padre, por oír
mis oraciones.

«Así que, desde que supimos de ustedes, no dejamos de
tenerlos presentes en nuestras oraciones. Le pedimos
a Dios que les dé pleno conocimiento de su voluntad y
que les conceda sabiduría y comprensión espiritual».

COLOSENSES 1.9 NTV

FECHA: _____   *Comienza aquí*

📍 **AMADO PADRE CELESTIAL,** ....
....
....
....
....

Gracias por... ....
....
....
....
....
....
....

ESTOY PREOCUPADA POR...
....
....
....
....
....
....
....
....
....
....
....
....
....
....
....

PERSONAS POR LAS QUE ESTOY ORANDO HOY...
....
....
....
....
....

>> ESTO ES LO QUE ESTÁ SUCEDIENDO EN MI VIDA. . . ...

Necesito. . .

>> OTRAS COSAS QUE HAY EN MI CORAZÓN Y QUE NECESITO COMPARTIR CONTIGO, SEÑOR. . .

Amén.

Gracias, Padre, por oír
mis oraciones.

«Te alabaré mientras viva, a ti levantaré
mis manos en oración».

SALMO 63.4 NTV

FECHA: _____ *Comienza aquí*

📍 AMADO PADRE CELESTIAL, ...
....
....
....
....

Gracias por . . . .
....
....
....
....
....
....
....

ESTOY PREOCUPADA POR. . .
....
....
....
....
....
....
....
....
....
....
....
....
....

PERSONAS POR LAS QUE ESTOY ORANDO HOY. . .
....
....
....
....
....
....

ESTO ES LO QUE ESTÁ SUCEDIENDO EN MI VIDA...

Necesito...

**OTRAS COSAS QUE HAY
EN MI CORAZÓN Y QUE NECESITO
COMPARTIR CONTIGO, SEÑOR...**

Amén.

Gracias, Padre, por oír
mis oraciones.

*«Ora de la siguiente manera: "Padre nuestro que estás
en el cielo, que sea siempre santo tu nombre"».*

MATEO 6.9 NTV

FECHA: _____   *Comienza aquí*

📍 **AMADO PADRE CELESTIAL,** ....
....
....
....
....

Gracias por. . . ..
....
....
....
....   **ESTOY PREOCUPADA POR. . .**
....
....
....
....
                                                             ....
                                                             ....
                                                             ....
PERSONAS POR LAS QUE ESTOY ORANDO HOY. . .   ....
....
....
....
....
....
....

ESTO ES LO QUE ESTÁ SUCEDIENDO EN MI VIDA. . .

Necesito. . .

**OTRAS COSAS QUE HAY
EN MI CORAZÓN Y QUE NECESITO
COMPARTIR CONTIGO, SEÑOR. . .**

Amén.

Gracias, Padre, por oír
mis oraciones.

«Así que seguimos orando por ustedes,
pidiéndole a nuestro Dios que los ayude para
que vivan una vida digna de su llamado».

2 TESALONICENSES 1.11 NTV

Comienza aquí

AMADO PADRE CELESTIAL,

Gracias por. . .

ESTOY PREOCUPADA POR. . .

PERSONAS POR LAS QUE ESTOY ORANDO HOY. . .

ESTO ES LO QUE ESTÁ SUCEDIENDO EN MI VIDA. . .

Necesito. . .

**OTRAS COSAS QUE HAY
EN MI CORAZÓN Y QUE NECESITO
COMPARTIR CONTIGO, SEÑOR. . .**

Amén.

Gracias, Padre, por oír
mis oraciones.

«*En cuanto oro, tú me respondes; me
alientas al darme fuerza*».

SALMO 138.3 NTV

FECHA:

Comienza aquí

AMADO PADRE CELESTIAL,..
....
....
....
....

Gracias por. . ....

ESTOY PREOCUPADA POR. . .

PERSONAS POR LAS QUE ESTOY ORANDO HOY. . .

ESTO ES LO QUE ESTÁ SUCEDIENDO EN MI VIDA. . .

Necesito. . .

OTRAS COSAS QUE HAY EN MI CORAZÓN Y QUE NECESITO COMPARTIR CONTIGO, SEÑOR. . .

Amén.

Gracias, Padre, por oír
mis oraciones.

«Confía en el Señor con todo tu corazón; no
dependas de tu propio entendimiento».

PROVERBIOS 3.5 NTV

FECHA: _____ *Comienza aquí*

AMADO PADRE CELESTIAL, ...
....
....
....
....

Gracias por. . . ..
....
....
....
....
....
....

ESTOY PREOCUPADA POR. . .
....
....
....
....
....
....
....
....
....
....
....
....

PERSONAS POR LAS QUE ESTOY ORANDO HOY. . .
....
....
....
....
....

Necesito. . .

OTRAS COSAS QUE HAY
EN MI CORAZÓN Y QUE NECESITO
COMPARTIR CONTIGO, SEÑOR. . .

Amén.

Gracias, Padre, por oír
mis oraciones.

*«Oré al Señor, y él me respondió; me
libró de todos mis temores».*

SALMO 34.4 NTV

FECHA: *Comienza aquí*

AMADO PADRE CELESTIAL,
....
....
....
....

Gracias por. . . ....

ESTOY PREOCUPADA POR. . .

PERSONAS POR LAS QUE ESTOY ORANDO HOY. . .

>> ESTO ES LO QUE ESTÁ SUCEDIENDO EN MI VIDA. . .

Necesito. . .

>> OTRAS COSAS QUE HAY
EN MI CORAZÓN Y QUE NECESITO
COMPARTIR CONTIGO, SEÑOR. . .

Amén.

Gracias, Padre, por oír
mis oraciones.

«Deseo que en cada lugar de adoración los
hombres oren con manos santas, levantadas
a Dios, y libres de enojo y controversia».

1 TIMOTEO 2.8 NTV

FECHA: _____   *Comienza aquí*

📍 **AMADO PADRE CELESTIAL,** ....
....
....
....
....

Gracias por. . . ....
....
....

ESTOY PREOCUPADA POR. . .
....
....
....
....
....
....
....
....
....
....

PERSONAS POR LAS QUE ESTOY ORANDO HOY. . .
....
....
....
....
....
....

ESTO ES LO QUE ESTÁ SUCEDIENDO EN MI VIDA. . .

Necesito. . .

OTRAS COSAS QUE HAY
EN MI CORAZÓN Y QUE NECESITO
COMPARTIR CONTIGO, SEÑOR. . .

Amén.

Gracias, Padre, por oír
mis oraciones.

*«Les digo, ustedes pueden orar por cualquier cosa
y si creen que la han recibido, será suya».*

MARCOS 11.24 NTV

FECHA: _____ *Comienza aquí*

📍 AMADO PADRE CELESTIAL, _____
....
....
....
....

Gracias por. . . ..
....

ESTOY PREOCUPADA POR. . .
....
....
....
....
....
....
....
....
....
....

PERSONAS POR LAS QUE ESTOY ORANDO HOY. . .
....
....
....
....
....

Necesito...

OTRAS COSAS QUE HAY EN MI CORAZÓN Y QUE NECESITO COMPARTIR CONTIGO, SEÑOR...

Amén.

Gracias, Padre, por oír mis oraciones.

«¿Alguno de ustedes está pasando por dificultades? Que ore. ¿Alguno está feliz? Que cante alabanzas».

SANTIAGO 5.13 NTV

FECHA:

Comienza aquí

AMADO PADRE CELESTIAL,

....
....
....
....

Gracias por . . .
....
....
....
....
....
....

PERSONAS POR LAS QUE ESTOY ORANDO HOY. . .
....
....
....
....
....

ESTOY PREOCUPADA POR. . .
....
....
....
....
....
....
....
....
....
....
....

>> ESTO ES LO QUE ESTÁ SUCEDIENDO EN MI VIDA...

Necesito...

OTRAS COSAS QUE HAY
EN MI CORAZÓN Y QUE NECESITO
COMPARTIR CONTIGO, SEÑOR...

Amén.

Gracias, Padre, por oír
mis oraciones.

«Entonces oro a ti, oh Señor, y digo:
"Tú eres mi lugar de refugio. En verdad,
eres todo lo que quiero en la vida"».
SALMO 142.5 NTV

FECHA:

Comienza aquí

AMADO PADRE CELESTIAL,

....

....

....

....

Gracias por. . .

....

....

....

....

....

....

ESTOY PREOCUPADA POR. . .

....

....

....

....

....

....

....

....

....

PERSONAS POR LAS QUE ESTOY ORANDO HOY. . .

....

....

....

....

....

....

>> ESTO ES LO QUE ESTÁ SUCEDIENDO EN MI VIDA...

Necesito...

OTRAS COSAS QUE HAY
EN MI CORAZÓN Y QUE NECESITO
COMPARTIR CONTIGO, SEÑOR...

Amén.

Gracias, Padre, por oír
mis oraciones.

«Recuerden que el Padre celestial, a quien
ustedes oran, no tiene favoritos».

1 PEDRO 1.17 NTV

Comienza aquí

AMADO PADRE CELESTIAL,

Gracias por. . .

ESTOY PREOCUPADA POR. . .

PERSONAS POR LAS QUE ESTOY ORANDO HOY. . .

ESTO ES LO QUE ESTÁ SUCEDIENDO EN MI VIDA. . .

Necesito. . .

OTRAS COSAS QUE HAY EN MI CORAZÓN Y QUE NECESITO COMPARTIR CONTIGO, SEÑOR. . .

Amén.

Gracias, Padre, por oír
mis oraciones.

«Pues, si somos fieles hasta el fin, confiando
en Dios con la misma firmeza que teníamos al
principio, cuando creímos en él, entonces tendremos
parte en todo lo que le pertenece a Cristo».

HEBREOS 3.14 NTV

FECHA:

Comienza aquí

AMADO PADRE CELESTIAL,

Gracias por. . .

ESTOY PREOCUPADA POR. . .

PERSONAS POR LAS QUE ESTOY ORANDO HOY. . .

Necesito. . .

>> OTRAS COSAS QUE HAY
EN MI CORAZÓN Y QUE NECESITO
COMPARTIR CONTIGO, SEÑOR. . .

Amén.

Gracias, Padre, por oír
mis oraciones.

*«El Señor ... se deleita con las
oraciones de los íntegros».*

PROVERBIOS 15.8 NTV

FECHA: _____ *Comienza aquí*

AMADO PADRE CELESTIAL, ...
....
....
....
....

Gracias por... ....
....
....
....
....
....
....

ESTOY PREOCUPADA POR...
....
....
....
....
....
....
....
....
....
....
....

PERSONAS POR LAS QUE ESTOY ORANDO HOY...
....
....
....
....
....

>> ESTO ES LO QUE ESTÁ SUCEDIENDO EN MI VIDA. . . ...

Necesito. . .

>> OTRAS COSAS QUE HAY
EN MI CORAZÓN Y QUE NECESITO
COMPARTIR CONTIGO, SEÑOR. . .

Amén.

Gracias, Padre, por oír
mis oraciones.

«Pero ustedes, queridos amigos, deben
edificarse unos a otros en su más santísima
fe, orar en el poder del Espíritu Santo».

JUDAS 1.20 NTV

FECHA: _____

Comienza aquí

📍 **AMADO PADRE CELESTIAL,**..
....
....
....

Gracias por. . ...
....
....
....
....
....
....

ESTOY PREOCUPADA POR. . .
....
....
....
....
....
....
....
....
....
....
....
....
....
....

PERSONAS POR LAS QUE ESTOY ORANDO HOY. . .
....
....
....
....
....
....

Necesito. . .

OTRAS COSAS QUE HAY
EN MI CORAZÓN Y QUE NECESITO
COMPARTIR CONTIGO, SEÑOR. . .

Amén.

Gracias, Padre, por oír
mis oraciones.

«Bendigan a quienes los persiguen.
No los maldigan, sino pídanle a Dios
en oración que los bendiga».
ROMANOS 12.14 NTV

FECHA:

Comienza aquí

AMADO PADRE CELESTIAL,

....

....

....

....

Gracias por. . .

....

....

....

....

....

....

ESTOY PREOCUPADA POR. . .

....

....

....

....

....

....

....

PERSONAS POR LAS QUE ESTOY ORANDO HOY. . .

....

....

....

....

....

....

....

....

Necesito. . .

>>

**OTRAS COSAS QUE HAY
EN MI CORAZÓN Y QUE NECESITO
COMPARTIR CONTIGO, SEÑOR. . .**

Amén.

Gracias, Padre, por oír
mis oraciones.

«El Señor responderá a mi oración».
SALMO 6.9 NTV

Comienza aquí

AMADO PADRE CELESTIAL,

Gracias por. . .

ESTOY PREOCUPADA POR. . .

PERSONAS POR LAS QUE ESTOY ORANDO HOY. . .

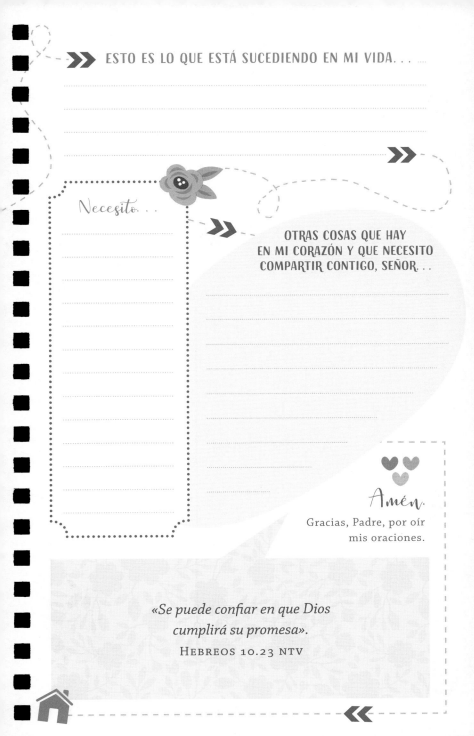

>> ESTO ES LO QUE ESTÁ SUCEDIENDO EN MI VIDA. . .

>>

Necesito. . .

>> OTRAS COSAS QUE HAY
EN MI CORAZÓN Y QUE NECESITO
COMPARTIR CONTIGO, SEÑOR. . .

Amén.

Gracias, Padre, por oír
mis oraciones.

«Se puede confiar en que Dios
cumplirá su promesa».
HEBREOS 10.23 NTV

FECHA: *Comienza aquí*

📍 AMADO PADRE CELESTIAL,
....
....
....
....

Gracias por. . .
....
....
....
....
....
....
....

PERSONAS POR LAS QUE ESTOY ORANDO HOY. . .
....
....
....
....
....

ESTOY PREOCUPADA POR. . .
....
....
....
....
....
....
....
....
....
....
....
....

Necesito. . .

**OTRAS COSAS QUE HAY
EN MI CORAZÓN Y QUE NECESITO
COMPARTIR CONTIGO, SEÑOR. . .**

Amén.

Gracias, Padre, por oír
mis oraciones.

*«Pero estoy en la presencia misma de
Dios; ¡Oh, cuán refrescante es!».*

SALMO 73.27

(TRADUCCIÓN LITERAL DE LA VERSIÓN THE MESSAGE)

FECHA:

Comienza aquí

AMADO PADRE CELESTIAL,

....

....

....

....

Gracias por. . .

....

....

....

....

....

....

ESTOY PREOCUPADA POR. . .

....

....

....

....

....

....

....

....

....

....

....

PERSONAS POR LAS QUE ESTOY ORANDO HOY. . .

....

....

....

....

....

>> ESTO ES LO QUE ESTÁ SUCEDIENDO EN MI VIDA. . . ..

>>

Necesito. . .

>> OTRAS COSAS QUE HAY
EN MI CORAZÓN Y QUE NECESITO
COMPARTIR CONTIGO, SEÑOR. . .

Amén.

Gracias, Padre, por oír
mis oraciones.

«Que tu amor inagotable nos rodee, Señor,
porque solo en ti está nuestra esperanza».
SALMO 33.22 NTV

FECHA: _____

Comienza aquí

AMADO PADRE CELESTIAL, ...
....
....
....
....

Gracias por . . . .
....
....
....
....
....
....
....

ESTOY PREOCUPADA POR. . .
....
....
....
....
....
....
....
....
....
....
....
....

PERSONAS POR LAS QUE ESTOY ORANDO HOY. . .
....
....
....
....
....
....

Necesito. . .

OTRAS COSAS QUE HAY EN MI CORAZÓN Y QUE NECESITO COMPARTIR CONTIGO, SEÑOR. . .

Amén.

Gracias, Padre, por oír mis oraciones.

«Ora...por los reyes y por todos los que están en autoridad, para que podamos tener una vida pacífica y tranquila, caracterizada por la devoción a Dios y la dignidad».

1 TIMOTEO 2.2 NTV

FECHA: _____ *Comienza aquí*

AMADO PADRE CELESTIAL, ...
....
....
....
....

Gracias por . . . .
....
....
....
....
....
....
....

PERSONAS POR LAS QUE ESTOY ORANDO HOY . . .
....
....
....
....
....

ESTOY PREOCUPADA POR . . .
....
....
....
....
....
....
....
....
....
....
....
....
....

Necesito. . .

OTRAS COSAS QUE HAY
EN MI CORAZÓN Y QUE NECESITO
COMPARTIR CONTIGO, SEÑOR. . .

Amén.

Gracias, Padre, por oír
mis oraciones.

«Oh Señor, solo tú eres mi esperanza».

SALMO 71.5 NTV

FECHA: _____ *Comienza aquí*

AMADO PADRE CELESTIAL, ...
....
....
....
....

Gracias por. . . ....

....

....

....

....

....

....

ESTOY PREOCUPADA POR. . .

....

....

....

....

....

....

....

....

....

....

....

PERSONAS POR LAS QUE ESTOY ORANDO HOY. . .

....

....

....

....

....

....

Necesito. . .

**OTRAS COSAS QUE HAY
EN MI CORAZÓN Y QUE NECESITO
COMPARTIR CONTIGO, SEÑOR. . .**

Amén.

Gracias, Padre, por oír
mis oraciones.

«Los ojos del Señor están sobre los que hacen lo
bueno, y sus oídos están abiertos a sus oraciones».

1 PEDRO 3.12 NTV

Comienza aquí

AMADO PADRE CELESTIAL,

Gracias por. . .

ESTOY PREOCUPADA POR. . .

PERSONAS POR LAS QUE ESTOY ORANDO HOY. . .

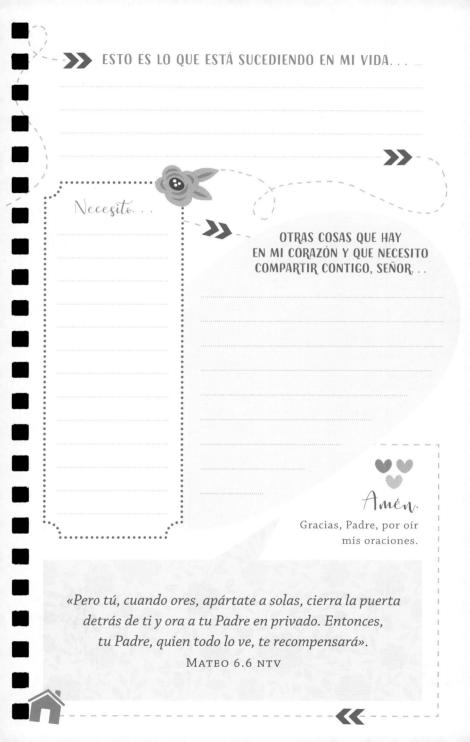

ESTO ES LO QUE ESTÁ SUCEDIENDO EN MI VIDA. . .

Necesito. . .

OTRAS COSAS QUE HAY
EN MI CORAZÓN Y QUE NECESITO
COMPARTIR CONTIGO, SEÑOR. . .

Amén.

Gracias, Padre, por oír
mis oraciones.

«Pero tú, cuando ores, apártate a solas, cierra la puerta
detrás de ti y ora a tu Padre en privado. Entonces,
tu Padre, quien todo lo ve, te recompensará».

MATEO 6.6 NTV

FECHA:

Comienza aquí

AMADO PADRE CELESTIAL,

Gracias por...

ESTOY PREOCUPADA POR...

PERSONAS POR LAS QUE ESTOY ORANDO HOY...

ESTO ES LO QUE ESTÁ SUCEDIENDO EN MI VIDA. . .

Necesito. . .

**OTRAS COSAS QUE HAY
EN MI CORAZÓN Y QUE NECESITO
COMPARTIR CONTIGO, SEÑOR. . .**

Amén.

Gracias, Padre, por oír
mis oraciones.

«Sean serios y disciplinados en sus oraciones».
1 PEDRO 4.7 NTV

FECHA: _____ *Comienza aquí*

📍 **AMADO PADRE CELESTIAL,** ....
....
....
....
....

Gracias por . . . .
....
....
....
....
....
....
....

ESTOY PREOCUPADA POR. . .
....
....
....
....
....
....
....
....
....
....
....
....
....

PERSONAS POR LAS QUE ESTOY ORANDO HOY. . .
....
....
....
....
....
....

ESTO ES LO QUE ESTÁ SUCEDIENDO EN MI VIDA...

Necesito...

OTRAS COSAS QUE HAY EN MI CORAZÓN Y QUE NECESITO COMPARTIR CONTIGO, SEÑOR...

Amén.

Gracias, Padre, por oír
mis oraciones.

*«¡Aleluya! ¡Oh, mi alma alaba a Dios! Alabaré
a Dios durante toda mi vida, cantando
cánticos a mi Dios mientras viva».*

SALMO 146.1-6

(TRADUCCIÓN LITERAL DE LA VERSIÓN THE MESSAGE)

FECHA: _____ *Comienza aquí*

📍 **AMADO PADRE CELESTIAL,** ....
....
....
....
....

Gracias por. . . ....

....

....

....

....

....

....

....

PERSONAS POR LAS QUE ESTOY ORANDO HOY. . .

....

....

....

....

....

....

ESTOY PREOCUPADA POR. . .

....

....

....

....

....

....

....

....

....

....

....

....

....

....

» ESTO ES LO QUE ESTÁ SUCEDIENDO EN MI VIDA. . .

»

Necesito. . .

» OTRAS COSAS QUE HAY
EN MI CORAZÓN Y QUE NECESITO
COMPARTIR CONTIGO, SEÑOR. . .

Amén.
Gracias, Padre, por oír
mis oraciones.

«Cuando mi mente se llenó de dudas, tu consuelo
renovó mi esperanza y mi alegría».
SALMO 94.19 NTV

FECHA:

Comienza aquí

AMADO PADRE CELESTIAL,

Gracias por. . .

ESTOY PREOCUPADA POR. . .

PERSONAS POR LAS QUE ESTOY ORANDO HOY. . .

Necesito. . .

>>

OTRAS COSAS QUE HAY
EN MI CORAZÓN Y QUE NECESITO
COMPARTIR CONTIGO, SEÑOR. . .

Amén.

Gracias, Padre, por oír
mis oraciones.

«Yo cuento con el Señor; sí, cuento con él; en
su palabra he puesto mi esperanza».

SALMO 130.5 NTV

FECHA:

Comienza aquí

AMADO PADRE CELESTIAL,

Gracias por. . .

ESTOY PREOCUPADA POR. . .

PERSONAS POR LAS QUE ESTOY ORANDO HOY. . .

>> ESTO ES LO QUE ESTÁ SUCEDIENDO EN MI VIDA. . . ...

Necesito. . .

>>

**OTRAS COSAS QUE HAY
EN MI CORAZÓN Y QUE NECESITO
COMPARTIR CONTIGO, SEÑOR. . .**

Amén.

Gracias, Padre, por oír
mis oraciones.

*«Ninguno que confíe en Dios de este modo, con
todo su corazón y alma, se lamentará jamás».*

ROMANOS 10.11

(TRADUCCIÓN LITERAL DE LA VERSIÓN THE MESSAGE)

FECHA: _____ *Comienza aquí*

AMADO PADRE CELESTIAL, ...
....
....
....
....

Gracias por. . . ....
....
....
....
....
....
....

ESTOY PREOCUPADA POR. . .

PERSONAS POR LAS QUE ESTOY ORANDO HOY. . .
....
....
....
....
....
....

>> ESTO ES LO QUE ESTÁ SUCEDIENDO EN MI VIDA. . . . . .

Necesito. . .

>> OTRAS COSAS QUE HAY
EN MI CORAZÓN Y QUE NECESITO
COMPARTIR CONTIGO, SEÑOR. . .

Amén.

Gracias, Padre, por oír
mis oraciones.

«Las esperanzas del justo traen felicidad».

PROVERBIOS 10.28 NTV

FECHA: _____

Comienza aquí

AMADO PADRE CELESTIAL, ...
....
....
....
....

Gracias por. . . ....
....
....
....
....
....
....
....

ESTOY PREOCUPADA POR. . .
....
....
....
....
....
....
....
....
....
....
....

PERSONAS POR LAS QUE ESTOY ORANDO HOY. . .
....
....
....
....
....

Necesito. . .

>> OTRAS COSAS QUE HAY
EN MI CORAZÓN Y QUE NECESITO
COMPARTIR CONTIGO, SEÑOR. . .

Amén.

Gracias, Padre, por oír
mis oraciones.

«Dios sabe cuántas veces los recuerdo en mis oraciones.
Día y noche hago mención de ustedes y sus necesidades
delante de Dios, a quien sirvo con todo mi corazón
anunciando la Buena Noticia acerca de su Hijo».

ROMANOS 1.9 NTV

FECHA: _Comienza aquí_

AMADO PADRE CELESTIAL, ...
....
....
....
....

Gracias por . . . .
....
....
....
....
....
....

ESTOY PREOCUPADA POR. . .
....
....
....
....
....
....
....
....
....
....
....
....

PERSONAS POR LAS QUE ESTOY ORANDO HOY. . .
....
....
....
....
....

>> ESTO ES LO QUE ESTÁ SUCEDIENDO EN MI VIDA. . . ...

Necesito. . .

>>

**OTRAS COSAS QUE HAY
EN MI CORAZÓN Y QUE NECESITO
COMPARTIR CONTIGO, SEÑOR. . .**

Amén.

Gracias, Padre, por oír
mis oraciones.

*«Tú eres el lugar de mi tranquilo refugio;
Espero tu Palabra para renovarme».*

SALMO 119.113

(TRADUCCIÓN LITERAL DE LA VERSIÓN THE MESSAGE)

FECHA: _____ *Comienza aquí*

📍 AMADO PADRE CELESTIAL, ...

....

....

....

Gracias por. . . ..

....

....

....

....

....

....

ESTOY PREOCUPADA POR. . .

....

....

....

....

....

....

PERSONAS POR LAS QUE ESTOY ORANDO HOY. . .

....

....

....

....

....

Necesito. . .

>>

**OTRAS COSAS QUE HAY
EN MI CORAZÓN Y QUE NECESITO
COMPARTIR CONTIGO, SEÑOR. . .**

Amén.

Gracias, Padre, por oír
mis oraciones.

«*Guarda silencio delante de Dios,
ora ante Él*».

SALMO 37.7

(TRADUCCIÓN LITERAL DE LA VERSIÓN THE MESSAGE)

FECHA: _____   *Comienza aquí*

📍 **AMADO PADRE CELESTIAL,** ....
....
....
....
....

Gracias por. . . ..
....
....
....
....
....
....

ESTOY PREOCUPADA POR. . .
....
....
....
....
....
....
....
....
....
....
....
....
....

PERSONAS POR LAS QUE ESTOY ORANDO HOY. . .
....
....
....
....
....
....

» ESTO ES LO QUE ESTÁ SUCEDIENDO EN MI VIDA. . . ...

Necesito. . .

**OTRAS COSAS QUE HAY
EN MI CORAZÓN Y QUE NECESITO
COMPARTIR CONTIGO, SEÑOR. . .**

Amén.

Gracias, Padre, por oír
mis oraciones.

«*Te doy gracias por contestar mi oración,
¡y por darme la victoria!*».

SALMO 118.21 NTV

FECHA:

Comienza aquí

AMADO PADRE CELESTIAL,

Gracias por. . .

ESTOY PREOCUPADA POR. . .

PERSONAS POR LAS QUE ESTOY ORANDO HOY. . .

ESTO ES LO QUE ESTÁ SUCEDIENDO EN MI VIDA...

Necesito...

OTRAS COSAS QUE HAY EN MI CORAZÓN Y QUE NECESITO COMPARTIR CONTIGO, SEÑOR...

Amén.

Gracias, Padre, por oír
mis oraciones.

«Pido que les inunde de luz el corazón, para
que puedan entender la esperanza segura
que él ha dado a los que llamó».

EFESIOS 1.18 NTV

FECHA: _Comienza aquí_

AMADO PADRE CELESTIAL,

Gracias por. . .

ESTOY PREOCUPADA POR. . .

PERSONAS POR LAS QUE ESTOY ORANDO HOY. . .

ESTO ES LO QUE ESTÁ SUCEDIENDO EN MI VIDA. . .

Necesito. . .

**OTRAS COSAS QUE HAY
EN MI CORAZÓN Y QUE NECESITO
COMPARTIR CONTIGO, SEÑOR. . .**

Amén.

Gracias, Padre, por oír
mis oraciones.

«Respóndeme cuando clamo a ti, oh Dios».

SALMO 4.1 NTV

FECHA: _____   *Comienza aquí*

AMADO PADRE CELESTIAL, ...
....
....
....
....

Gracias por . . . .
....
....
....
....
....
....
....

ESTOY PREOCUPADA POR. . .
....
....
....
....
....
....
....
....
....
....
....
....
....
....

PERSONAS POR LAS QUE ESTOY ORANDO HOY. . .
....
....
....
....
....
....
....

>> ESTO ES LO QUE ESTÁ SUCEDIENDO EN MI VIDA. . . ...

Necesito. . .

>> OTRAS COSAS QUE HAY
EN MI CORAZÓN Y QUE NECESITO
COMPARTIR CONTIGO, SEÑOR. . .

Amén.
Gracias, Padre, por oír
mis oraciones.

«Cada vez que pienso en ustedes,
le doy gracias a mi Dios».
FILIPENSES 1.3 NTV

FECHA: _Comienza aquí_

AMADO PADRE CELESTIAL, ...
....
....
....
....

Gracias por. . . ....
....
....   ESTOY PREOCUPADA POR. . .
....
....
....
....
....
                                                                          ....
                                                                          ....
PERSONAS POR LAS QUE ESTOY ORANDO HOY. . .   ..
....
....
....
....
....
....

ESTO ES LO QUE ESTÁ SUCEDIENDO EN MI VIDA... ...

Necesito...

OTRAS COSAS QUE HAY EN MI CORAZÓN Y QUE NECESITO COMPARTIR CONTIGO, SEÑOR...

Amén.

Gracias, Padre, por oír mis oraciones.

«Nunca dejen de orar».
1 TESALONICENSES 5.17 NTV